I0776727

Depressionen

Geschafft! Depressionen natürlich überwinden

Inhaltsverzeichnis

Einleitung

Viele Menschen in unserer Gesellschaft leiden unter mehr oder weniger schwerwiegenden Depressionen. Laut Aussagen der Weltgesundheitsorganisation leiden über 350 Millionen Erwachsene an Depressionen. Es gibt mittlerweile unglaublich viele Möglichkeiten zur Behandlung, aber nicht jede Behandlungsform ist für jeden Menschen gleich gut geeignet. In diesem Buch wirst du einige natürliche Behandlungsformen kennenlernen, die dir vielleicht mehr zusagen als die herkömmlichen Methoden der Behandlung. So viele verschiedene Arten der Depression und ihrer Symptome es gibt, so viele verschiedene Behandlungswege gibt es auch! Manche Menschen sind der Ansicht, dass Antidepressiva ein tolles Mittel gegen Depressionen darstellen. Leider unterdrücken diese Antidepressiva nur die Symptome der Depression, ohne die eigentliche Depression zu heilen. Für eine vollständige Heilung ist es also enorm wichtig die Ursachen für die Erkrankung festzustellen. So bist du nicht auf die Einnahme von Antidepressiva mit ihren vielen schädlichen und unangenehmen

Nebenwirkungen angewiesen und hast die Chance die Krankheit zu verstehen und zu überwinden.

Möglicherweise bist du dir auch noch gar nicht sicher, ob du eine Depression hast? Du fühlst dich seit einiger Zeit bedrückt, niedergeschlagen und motivationslos? Der Alltag scheint eine nicht zu meisternde Aufgabe zu sein? Dein Interesse an für dich früher unterhaltsamen Aktivitäten schwindet? In diesem Buch wirst du einige der Symptome kennenlernen und kannst anhand dessen feststellen, ob du eine Depression hast.

Dieses Buch ersetzt kein ausführliches und professionelles Gespräch mit deinem Arzt des Vertrauens und dient nicht zur Selbstdiagnose.

Kapitel 1: Was sind Depressionen?

Mittlerweile sind so viele Menschen von Depressionen betroffen oder meinen unter Depressionen zu leiden, dass die Depression auch als Volkskrankheit gilt. Ungefähr 5% der Deutschen zwischen 18 und 65 Jahren greifen aufgrund depressiver Erkrankungen auf ärztliche Behandlung zurück. Schätzungsweise leiden 4 Millionen Menschen in Deutschland unter Depressionen. Erkrankte sind in jeder sozialen Schicht, in jeder Altersgruppe und in beiden Geschlechtern zu finden. Leider nehmen viele Menschen ihre Depression nicht als Krankheit war. Dies mag zum einen an damit verbundenen Schamgefühlen liegen und auch mit den fehlenden sinnvollen Behandlungsmöglichkeiten. Die meisten an Depression erkrankten Menschen fürchten sich vor einer „psychischen Krankheit". Psychische Krankheiten werden oftmals nicht als ernsthafte Erkrankungen wahrgenommen, da sie zumeist schwer greifbar sind. An Depressionen erkrankte Menschen möchten nicht als verrückt abgestempelt werden und lassen sich somit bewusste oder unbewusst nur gegen ihre körperlichen Symptome behandeln. Auch können die meisten

Hausärzte aufgrund ihres fehlenden psychiatrischen Wissens eine Depression nicht einwandfrei als solche diagnostizieren. Eine unbehandelte Depression kann allerdings bis zum Tode führen und einen langen Leidensweg bescheren.

Aber was genau sind eigentlich Depressionen? Und wie äußert sich eine Depression? Wer erkrankt an Depressionen? Äußert sich eine Depression bei jedem Menschen gleich? Beschränken sich die Symptome nur auf die Stimmung? Oder gibt es auch körperliche Einschränkungen? In diesem Kapitel erfährst du alles über die vielfältigen Symptome und die beliebten Behandlungsmöglichkeiten!

Die vielseitigen Symptome

Allgemein gesagt sieht eine Depression bei jedem Menschen verschieden aus. So vielfältig wie die Symptome einer Erkältung bei verschiedenen Menschen sein können, so verschieden sind auch die Symptome von Depressionen bei den einzelnen Betroffenen. Depressionen können sich sowohl auf körperlicher, als auch auf mentaler Ebene zeigen. Häufige Symptome sind:

- Erschöpfung, dauerhafte Erschöpfungszustände

- Angstgefühle

- Unruhe, Ruhelosigkeit

- Anspannung, Nervosität

- Motivationsverlust

- Interessensverlust

- Gefühl der Leere, Trauer

- Minderwertigkeitsgefühle

- Schlafprobleme, Einschlafprobleme, Durchschlafprobleme

- Schuldgefühle

- Nicht aufhörende Gedankenketten

- Gedanken über den Tod, Suizidgedanken

- Konzentrationsprobleme

- Gedächtnisprobleme

- Verlangsamtes Denken, Sprechen

- Verlangsamte Bewegungen

- Verminderter Appetit, kein Interesse
  an Nahrungsaufnahme, keine Freude
  an der Nahrungsaufnahme

- Wut, Frustration, starke negative
  Emotionen

- Körperliche Symptome, die sich nicht
  klar einem Krankheitsbild zuordnen
  lassen

- Psychosomatische Beschwerden wie
  Kopfschmerzen, Migräne,
  Rückenschmerzen,
  Verdauungsbeschwerden, Haarausfall
  und ähnliches

Dies sind nur die am häufigsten auftretenden Symptome. Es gibt daneben noch eine Vielzahl anderer Symptome, die auf eine Depression hinweisen können!

Das häufigste und eindeutigste Symptom einer Depression ist die innere Leere, die Betroffene fühlen. Ihr emotionales Spektrum ist stark eingeschränkt und lässt keine großartigen Gefühlsregungen zu. Die Motivationslosigkeit, Leere und Hoffnungslosigkeit kann auch nicht durch positive Ereignisse gefüllt werden. Erkrankten ist es nicht mehr möglich sich an positiven Ereignissen zu erfreuen oder früher ausgeübten Tätigkeiten nachzugehen. Ein

Essen mit Freunden, ein Besuch im Kino oder ähnlich eigentlich erfreuliche Aktivitäten können aufgrund mangelnden Interesses nicht mehr nachgegangen werden. Dazu kommt das unglaublich starke Gefühl der Müdigkeit und Niedergeschlagenheit. Den Erkrankten fehlt jegliche Energie an einem normalen Tagesablauf teilzunehmen.

Wenn du nun glaubst eine Depression zu haben, dann werden die Tipps und Tricks der nächsten Kapitel interessant für dich sein!

Die Ursachen für eine Depression

Neben den unglaublich vielfältigen Symptomen gibt es gleichermaßen vielfältige Ursachen und Risikofaktoren für eine depressive Erkrankung. Diese Faktoren und Ursachen festzustellen ist jedoch allgemein schwierig.

Es wurde beispielsweise festgestellt, dass sensible Menschen mit einer hohen Vulnerabilität für Depressionen leichter empfänglich sind. Die Vulnerabilität, also die Verletzlichkeit, eines Menschen kann in biologischen Ursachen, genetischen Prädispositionen oder der persönlichen Entwicklung begründet sein. Meist ist die

Ursache eine Kombination vieler Faktoren, die sich gegenseitig ungünstig beeinflussen. Die Zusammenhänge zwischen den Faktoren sind noch nicht abschließend erforscht, weswegen wir uns auf neue Erkenntnisse und damit verbundene Behandlungsmethoden in der Zukunft freuen können.

Menschen, die anfälliger für depressive Verstimmungen sind, können zumeist stressige Situationen, negative Ereignisse und Entwicklungen, Belastungen oder Verluste weniger gut verarbeiten und reagieren sehr sensibel. Möglicherweise fehlen Strategien und Netzwerke zum Verarbeiten von diesen negativen Einflüssen.

Eine genetische Vorbelastung drückt sich dadurch aus, dass Familienmitglieder bereits an Depressionen erkrankt waren oder sind. Das Risiko für eine depressive Erkrankung liegt bei 15%, wenn ein Verwandter ersten Grades (Eltern oder Geschwister) an einer Depression erkrankt sind oder waren. Wenn beide Eltern an einer Depression erkrankt sind oder waren, liegt die Chance für eine depressive Erkrankung bei den Kindern sogar bei 55%. Bis heute wurde kein Gen ausfindig gemacht, dass für die Weitergabe einer Depression verantwortlich gemacht werden konnte. Dies spricht für die Weitergabe durch psychosoziale Faktoren wie Essgewohnheiten,

Aktivitätslevel, Denkmuster und Stressbewältigungsmuster. Eine pessimistische, feindliche und lebensablehnende Haltung kann durchaus von Eltern an ihre Kinder weitergegeben werden. Auch Perfektionismus, übertriebene Ordentlichkeit oder ähnlich fordernde Haltungen können einen negativen Einfluss durch ständige Verursachung von Stress haben.

Es wurde nachgewiesen, dass auf der körperlichen Ebene die Botenstoffe Dopamin, Noradrenalin und Serotonin nicht mehr ausreichend hergestellt oder transportiert werden. Daraus ergibt sich, dass die Signalübertragung zwischen einzelnen Nerven nicht mehr einwandfrei gegeben ist. Dies ist zumeist die Ursache für die vielen körperlichen Symptome einer Depression, wie Schlaflosigkeit oder Unruhe. Auch das Hormon Cortisol spielt eine Rolle bei Depressionen. Dieses Hormon wird vor allem in Stresssituationen oder bei Infektionskrankheiten produziert und kann bei einer depressiven Erkrankung vom Körper nicht mehr ideal reguliert werden. Die Folge sind Appetitlosigkeit, Motivationslosigkeit, Ängste und vieles mehr. Auch andere Hormone können einen großen Einfluss auf die Gesamtstimmung haben!

Vor allem in den Wintermonaten werden die Menschen in den nördlichen Gegenden mit nicht genügend Vitamin D versorgt. Vitamin D ist das sogenannte Sonnenvitamin und hat einen nicht unerheblichen Einfluss auf unsere Stimmung. Wer sich also häufig in Büroräumen aufhält, läuft Gefahr sich während der Sonnenmonate nicht genügend Vitamin D für den Winter zu sichern. Regelmäßige Aktivitäten im Freien das ganze Jahr über sind ein weiterer wichtiger Faktor für die Vermeidung und Behandlung von depressiven Verstimmungen.

Medikamente wie Beta-Blocker, Beruhigungsmittel, Antiepileptika oder Cortison können als Nebenwirkung Depressionen auslösen. Hier empfiehlt sich auf eine natürliche Behandlung wert zu legen, um diese Problematik zu umgehen.

Die Faktoren der Persönlichkeit und der persönlichen Entwicklung dürfen allerdings nicht außer Acht gelassen werden. Eine belastende Kindheit durch einen überbehütenden Erziehungsstil der Eltern oder eine Vernachlässigung bis hin zur Verwahrlosung des Kindes durch die Eltern können eine persönliche Grundlage für Depressionen bilden. Die Entwicklung von einem gesunden Selbstwertgefühl, sowie die Strategien zur Stressbekämpfung sind nicht gegeben. Auch traumatische Ereignisse, wie der Verlust eines Elternteils, schwerwiegende Konflikte, Missbrauch oder ähnliches können Betroffene bei unzureichender Aufarbeitung in einen Zustand von unterschwelligem dauerhaften Stress versetzen. Dieses dauerhafte Stressniveau macht die Bewältigung von zusätzlichen Lebensaufgaben zu möglicherweise unüberbrückbaren Hindernissen und Auslöser von Depressionen.

All diese Faktoren ergeben ein komplexes Gefüge als Grundlage zur Entstehung von Depressionen. Die Ursache liegt meist in einer Kombination dieser Faktoren und ist nicht immer leicht zu definieren.

Die Behandlungsmöglichkeiten einer Depression

Natürlich gibt es gegen jedes dieser Symptome ein geeignetes synthetisches Mittelchen zur Unterdrückung! Die meisten Ärzte übersehen auch schnell den Zusammenhang zwischen den oben genannten Symptomen und einer depressiven Verstimmung, da die Symptome zu vielen

Krankheitsbildern passen und nicht ausschließlich auf eine Depression hindeuten.

Generell wird bei einer erkannten Depression schnell zu Antidepressiva gegriffen. Antidepressiva unterdrücken zwar die Symptome der Depression, heilen die Depression also nicht. Vielen Erkrankten geht es mit der Einnahme von Antidepressiva wunderbar und sie können wieder am Leben teilnehmen, sich am Leben erfreuen und einen positiven Blick in die Zukunft haben. Allerdings sind diese Antidepressiva synthetisch hergestellte Medikamente und halten jede Menge unschöne Nebenwirkungen bereit. Eine der Nebenwirkungen ist beispielsweise Depression. Kling verrückt! Neben einigen absurden Nebenwirkungen, die sich teilweise schlimmer als eine Depression anhören, sind die schädlichen Wirkungsweisen dieser synthetisch hergestellten Mittel natürlich nicht zu vergessen. Eine dauerhafte Einnahme dieser künstlichen Produkte ist extrem belastend für den Körper und die Organe. Grade die Leber leidet unter regelmäßiger Einnahme von Medikamenten! Um eine Folgeerkrankung durch die synthetischen Medikamente zu vermeiden ist es sinnvoll nicht nur die Symptome der Depression zu behandeln, sondern vor die Depression als Ganze zu heilen.

Erfahrene Psychologen oder Therapeuten können bei der Suche nach den Gründen für eine Depression professionell und unterstützend weiterhelfen. Allerdings übersehen auch viele Psychologen und Therapeuten den Zusammenhang zwischen Körper und Geist. Um Körper und Geist als Einheit therapieren zu können, bedarf es mehr als Gesprächstherapien und Antidepressiva. Und dennoch sind die ganzheitlichen, natürlichen Methoden alles andere als kompliziert! Die Natur hält allerlei Mittel für uns bereit, die wir im Kampf gegen Depressionen einsetzen können!

Eine erfolgreiche Behandlung einer Depression besteht also aus zwei Komponenten: Die körperliche Voraussetzung für einen gesunden Körper schaffen, der durch gesunde Abläufe eine Depression verhindert und die psychische Auseinandersetzung mit den Gründen für die tiefgreifenden Probleme. Körper und Geist beeinflussen sich gegenseitig, also darf keine Seite vernachlässigt werden!

Da die Gesellschaft immer offener bezüglich der Anerkennung und Behandlung psychischer Krankheiten wird, werden auch die Behandlungsmethoden immer ausgereifter. Immer mehr Lebensmittel werden hinsichtlich ihrer Wirkung auf den

Körper erforscht und als Heilungskomponente im Kampf gegen verschiedene Krankheiten eingesetzt. So wurden in den letzten Jahren unglaublich viele Lebensmittel und natürliche Methoden zur Behandlung von Depressionen erforscht!

Kapitel 2: Den Lebensstil verändern

Wer etwas an seinem körperlichen Zustand verändern möchte, sollte nicht auf Veränderungen warten, sondern diese Veränderungen selbst in die Hand nehmen! Bei leichten Depressionen und depressiven Verstimmungen können die Betroffenen diese Veränderungen zumeist ohne professionelle Hilfe umsetzen. Die Hilfe eines erfahrenen Psychologen oder Therapeuten kann bei der Etablierung neuer Verhaltensweisen helfen!

In diesem Kapitel wirst du einige Tipps und Tricks für neue Verhaltensmuster kennenlernen. Diese neuen Verhaltensmuster schaffen die Grundlage für einen gesunden Geist und Körper. Neue Gedankengänge, Verhaltensmuster und der veränderte Alltag bieten die Möglichkeit schädliche oder ungünstige Gegebenheiten zu eliminieren und Platz für weiterbringende Situationen zu schaffen.

Die Alltagsroutine

Eine gesunde Alltagsroutine schützt vor der eigenen Verwahrlosung und zunehmendem Kontrollverlust. Grade zu anfangs wird es enorm schwer sein eine neue Alltagsroutine aufzubauen. Aber auch kleine Schritte ergeben am Ende ein gutes Gesamtbild!

Erstelle also eine Alltagsroutine und halte diese schriftlich fest. Eine beispielhafte Alltagsroutine kann so aussehen:

- 7.00 Uhr aufstehen, Körperpflege

- 7.30 Uhr Katze füttern, ein gesundes Frühstück, benutztes Geschirr direkt abwaschen

- 8.00 Uhr zur Arbeit gehen

- 17.00 Uhr nach Hause kommen, eine Pause mit einem warmen Tee machen

- 17.30 Uhr Haushaltsaufgaben erledigen: Waschen, putzen, Abendessen vorbereiten

- 19.00 Uhr Abendessen, benutztes Geschirr direkt abwaschen

- 19.30 Uhr einer schönen Aktivität nachgehen: Eine Freundin einladen,

Yoga machen, ein gutes Buch lesen, ein heißes Bad nehmen, ...

- 21.00 Uhr zu Bett gehen

Dieser Plan muss natürlich an die individuellen Möglichkeiten und Bedürfnisse angepasst werden! Es ist auch sinnvoll diesen Plan einmal wöchentlich auf Aktualität zu überprüfen. Achte genau auf dich und führe notfalls Buch über deine Stimmung. Wann fühlst du dich besonders schlecht oder gut? Zu welchen Tageszeiten kannst du notwendige Tätigkeiten gut erledigen?

Deine Tagesroutine soll eine Grundlage für deinen Tag sein, so musst du nicht darüber grübeln ob und wann du einkaufst oder kochst. Da alle Aktivitäten vorgegeben sind, kannst du nichts mehr vergessen. Auch bietet dieser Plan dir einen gewissen Halt und Orientierung. Falls du Schwierigkeiten beim Erstellen eines Tagesplans oder bei der Durchführung des Tagesplans hast, kannst du dich an einen erfahrenen Therapeuten oder Psychologen wenden.

Ziele definieren

Hast du einen Haufen unerledigter Aufgaben vor dir liegen? Ordne deine Aufgaben nach Priorität und halte dies schriftlich fest! Beispiele sind:

- Hohe Priorität: Dinge, die wichtig für deine Lebensgrundlage sind, wie eine Haushaltshilfe beantragen, einen Wohngeldantrag abschicken, einen neuen Kühlschrank kaufen, eine Winterjacke besorgen, ...

- Mittlere Priorität: Dinge, die dein Leben lebenswert machen und einen direkten Einfluss auf deinen Alltag haben, wie regelmäßige Treffen mit deiner besten Freundin, deine Wohnung ausmisten, zum Frisör gehen, Fotos entwickeln lassen, ...

- Niedrige Priorität: Dinge, die keinen unmittelbaren Wert für deinen Alltag haben, aber auf langer Sicht wichtig sein können, wie endlich Reitstunden nehmen, eine wohltätige Organisation für regelmäßige Spenden auswählen, ein Weihnachtsfest organisieren, mit dem Stricken anfangen, ...

Du siehst, alles lässt sich in Kategorien einordnen. Du könntest dir zum Beispiel vornehmen jeden zweiten Tag eine Aufgabe von hoher Priorität abzuarbeiten. Halte deine Ziele klein, damit du sie auch erfüllen kannst! Das wird dich unglaublich motivieren weitere Aufgaben anzugehen. Denk daran, dass Rom nicht an einem Tag erbaut worden ist und eine Aufgabenliste sich nicht an einem Tag abarbeiten lässt. Nimm dir Zeit, setze dich nicht unter Druck und halte deine Ziele realistisch!

Für einen optimalen Motivationsschub kannst du dir deine erreichten Ziele aufschreiben und kannst so jederzeit auf deine Erfolge zurückblicken!

Es mag sein, dass sich die Aufgaben mit der Zeit verändern. Die Aufgaben von geringer Priorität können sich ändern oder es können Aufgaben von hoher Priorität hinzukommen. Bleibe entspannt und nehme dir wöchentlich 15 Minuten Zeit um deine Ziele zu sortieren und zu aktualisieren!

Sport, Sport, Sport

Viele Studien haben bereits belegt, dass regelmäßige körperliche Betätigung ideal für die physische und psychische Gesundheit sind. Auch wenn der Anfang schwer ist, lohnt es sich! Während des Sports werden im Gehirn Hormone ausgeschüttet, die uns gut fühlen lassen. Die erhöhte Körpertemperatur und der verbesserte Stoffwechsel, sowie die damit verbundene Ausschwemmung von Toxinen sind optimal um eine Depression zu bekämpfen. Neben diesen chemischen Vorgängen stärkt Sport das Selbstbewusstsein durch eine verbesserte körperliche Erscheinungsform, das Kennenlernen des eigenen Körpers und der eigenen Grenzen und den möglichen Kontakt zu anderen sportlich aktiven Menschen. Natürlich kannst du auch alleine sportlich sein, aber vielen Menschen mit Depressionen hilft es sich anderen Sportlern anzuschließen.

In vielen Städten gibt es bereits Sportgruppen für an Depressionen erkrankte Menschen! Sport ist die ideale Möglichkeit die Sorgen zu vergessen, sich auf sich selbst zu konzentrieren und die körperlichen Voraussetzungen für den Kampf gegen die Depression zu bieten. Eine Studie aus dem Jahr 1999 aus dem Archives of International Medicine hat ergeben, dass Sport schon nach wenigen Wochen eine depressive Stimmung lindern und Rückfälle in depressive Verstimmungen vermieden werden konnten.

Dazu musst du nicht anfangen ohne Equipment den Mount Everest zu besteigen oder im Amazonasgebiet wandern zu gehen! Es reicht vollkommen mit dem Hund regelmäßig längere Spaziergänge zu machen, mit den Kindern schwimmen zu gehen oder Fußball zu spielen. Grundlegend wichtig ist: 30 Minuten täglich. Egal was! Ob Basketball mit den Nachbarskindern, Fahrradfahren im Wald oder Cardio Training im Fitnessstudio.

Du musst die 30 Minuten körperliche Betätigung auch nicht an einem Stück absolvieren. Du kannst morgens 10 Minuten mit dem Fahrrad zu Arbeit fahren, 10 Minuten abends mit dem Fahrrad nach Hause fahren und dann 10 Minuten mit deinen Kindern tanzen. Deiner Fantasie sind keine Grenzen gesetzt!

Probiere verschiedene körperliche Tätigkeiten aus und finde heraus welche dir liegt! Wenn du mit einem Tagesplan arbeitest, füge die 30 Minuten sportliche Betätigung in deine Tagesroutine mit ein! Wichtig ist, dass du dich nicht überforderst. Baue zunächst 10 Minuten körperliche Betätigung in deinen Tagesablauf mit ein. Wenn du dich nach einigen Wochen daran gewöhnt hast, kannst du weitere 10 Minuten in deinen Tagesablauf miteinbauen.

Und wenn es mal einen Tag nicht so gut klappt – das ist ok! Niemand ist perfekt und ein Tag ohne sportliche Betätigung ist auf langer Sicht absolut unwichtig!

Besser schlafen

Schlechter oder nicht ausreichender Schlaf kann die Symptome einer Depression verschlimmern. Es ist also durchaus sinnvoll dafür zu sorgen, dass du ausreichend und guten Schlaf bekommst!

Vielen Menschen hilft es, das Schlafzimmer zu einem Ort der Ruhe und Entspannung zu machen. Der Fernseher sollte also möglichst nicht im Schlafzimmer stehen, der Laptop und das Handy nicht neben dem Kopfkissen liegen und das Schlafzimmer sollte eine ordentliche und ruhige Struktur haben.

Ein weiterer Trick ist, durch bestimmte Lebensmittel die Ausschüttung der Hormone Serotonin und Melatonin anzuregen. Für ein schlafförderndes Abendessen bieten sich also folgende Lebensmittel an:

- Käse

- Truthahn

- Hähnchen

- Kürbissamen und Kürbis

- Sojaprodukte

- Hafer und Haferkleie

- Eier

- Linsen und Bohnen

Koffein, Zucker oder schwere Kohlenhydrate solltest du vor dem Schlafengehen meiden. Ab mittags solltest du diese Produkte meiden. Greif falls nötig auf koffeinfreien Kaffee zurück. Kaffee hat eine starke Wirkung auf das zentrale Nervensystem und kann dieses stundenlang stimulieren. Koffeinfreie Tees gibt es in Mengen und kann zu einer schönen Abendroutine beitragen. Auch Schokolade enthält Koffein! Also abends vor dem Schlafengehen sollte Schokolade nicht auf dem Speiseplan stehen.

Um den Körper an eine gewisse Schlafroutine zu gewöhnen, können feste Verhaltensmuster helfen. Gehe immer zur gleichen Zeit ins Bett und stehe zur gleichen Zeit auf. So kann dein Körper sich auf die Schlafzeiten einrichten und das Aufstehen und Einschlafen wird dir um einiges leichter fallen! Wenn du mit einem Alltagsplan arbeitest, kannst du die Schlafzeiten in deinem Alltagsplan festhalten.

Schon nach einigen Wochen wird sich dein Körper daran gewöhnt haben und das Ein- und Durchschlafen wird dir viel leichter fallen.

Machst du regelmäßig Mittagsschlaf? Ein Mittagsschlaf von bis zu 20 Minuten wirkt ungemein erleichternd und erfrischend auf Körper und Geist. Länger sollte der Mittagsschlaf also nicht sein. Wenn du dich aufgrund deiner Depression oft müde und niedergeschlagen fühlst, solltest du dieses Power-Napping in Betracht ziehen! Auch wenn es unter der Woche nicht für dich möglich sein sollte einen kurzen Mittagsschlaf einzulegen, kannst du dies für dein Wochenende vornehmen. Gönn dir keinen allzu langen Mittagsschlaf, damit deine nächtliche Schlafroutine nicht negativ beeinflusst wird.

Wenn du häufig Probleme beim Einschlafen hast, versuche vor dem Einschlafen einige beruhigende Atemtechniken! Setze dich dazu bequem in dein Bett, schließe deine Augen und atme jeweils für 10 Sekunden aus und ein. Diese Methode nennt sich Tiefenatmung. Stelle dir beim Ausatmen vor, wie all die negativen Gefühle und Gedanken aus deinem Körper ausströmen. Dies hilft friedlich und entspannt einzuschlafen.

Ungefähr 30 Minuten vor deiner normalen Zubettgehzeit solltest du mit deiner Zubettgeh-Routine beginnen. Schalte für optimale Entspannung Fernseher, Handy, Telefon und grelles Licht aus, höre entspannende Musik, denke an Ziele, die du an diesem Tag erreicht hast und trinke eine Tasse entspannenden Tee.

Negative Gedankenmuster verändern

Negative Gedanken hat jeder Mensch. Menschen mit einer Depression haben allerdings sehr festgefahrene negative Gedankengänge und zumeist überwiegend negative Gedanken. Diese negativen Gedankenmuster sind erlernt oder von den Eltern übernommen worden und sind zumeist Ausdruck eines geringen Selbstwertgefühls.

Um die negativen Gedankenmuster zu entlarven, musst du sie erst einmal ausfindig machen! Wann auch immer du dich nicht gut fühlst und dich negative Emotionen überschwemmen, nehme dir einige Minuten Zeit und erörtere ganz genau warum du dich nicht gut fühlst und wo die negativen Gedanken herkommen! Danach gilt es diese Gedanken auf Richtigkeit zu überprüfen.

Interpretierst du die Gesamtsituation negativ oder sind die Tatsachen wirklich negativ? Wie würdest du reagieren, wenn du positiv über diese Situation denken würdest? Verdient diese Situation wirklich so viel negative Aufmerksamkeit? Ist diese Situation für meine Zukunft wichtig? Was ist das schlimmste, was passieren könnte? Was kann ich aus dieser Situation lernen?

Manchen Menschen hilft es diese Fragen und Antworten schriftlich festzuhalten. Wenn dies auch für dich wie eine gute Möglichkeit klingt Licht in deinen dunklen Gedankenwald zu bringen, dann lege ein Gedankenbuch an. Mit Hilfe dieses Buches kannst du auch deine Fortschritte festhalten!

So wirst du schnell herausfinden, wieso du negative Gedanken hegst, wie unnötig sie sind und, dass du die vorliegende Situation auch ganz anders interpretieren kannst! Du lernst auf diese Weise ganz neue Perspektiven und Versionen deines Lebens kennen. Gespräche über die negativen Gefühle, regelmäßige Entspannungseinheiten am Ende des Tages und die gesamte Verbesserung der körperlichen Gesundheit können dir helfen deine negativen Gedanken über Board zu schmeißen!

Techniken für Körper und Geist

Da die gegenseitige Einflussnahme von Körper und Geist mittlerweile wissenschaftlich bestätigt wurden, ergibt es durchaus Sinn sich dieser Verbindung mehr zu widmen. Die Techniken für Körper und Geist haben die emotionale Balance zum Ziel.

Massagen senken den Cortisolspiegel (wir erinnern uns – Cortisol ist ein Stresshormon!) und erhöhen die Ausschüttung von Dopamin und Serotonin (die Glückshormone!). Durch regelmäßige Massagen kannst du also die Symptome deiner Depression effektiv lindern.

Geführte Visualisierungen sind eine gute Möglichkeit um aufgestaute und belastende Emotionen abzulassen. Beispielsweise kannst du dich einer Gruppe für geführte Visualisierungen in deiner Stadt anschließen oder geführte Visualisierungen aus dem Internet oder auf CD nutzen. Dabei geht es darum sich mit aller Vorstellungskraft ein Leben ohne Depression mental auszumalen! So wird das Unterbewusstsein beeinflusst, was wiederum Einfluss auf die täglichen Handlungen hat.

Akupunktur ist eine alte chinesische Technik bei der feine Nadeln in spezielle Akupunkturpunkte im Körper gesteckt werden und dort für einige Zeit verbleiben. Seit Jahrhunderten wird diese Methode der Traditionellen Chinesischen Medizin gegen depressive Verstimmungen und deren Symptome eingesetzt, da diese Behandlungsform vor allem auf das Gleichgewicht von Körper und Geist abzielt.

Du hast sicherlich schon einmal von Yoga oder Tai-Chi gehört? Diese Sportarten konzentrieren sich besonders auf die Verbindung zwischen Körper und Geist, sind also bestens für die Zeiten depressiver Verstimmungen. Es geht darum seine innere Ruhe zu finden und sich im Einklang mit dem eigenen Körperrhythmus zu bewegen.

Auch Mediationen sind eine einfache aber unglaublich effektive Möglichkeit Körper und Geist positiv zu beeinflussen. Es gibt unendlich viele Arten der Meditation. Die Achtsamkeitsmeditation und die Transzendentale Meditation eigenen sich besonders um sich auf sein innerstes Selbst, kritikfreie Gedankengänge und die Annahme der eigenen Person zu konzentrieren. Die Wirksamkeit von Mediation ist wissenschaftlich bewiesen worden und schon 10 Minuten täglich reichen aus um innerhalb weniger Wochen große positive Veränderungen zu schaffen.

Kapitel 3: Die Ernährung optimieren

In diesem Kapitel erfährst du, warum eine ausgewogene und gesunde Ernährung zur Bekämpfung und Linderung einer Depression so wichtig sind! Außerdem lernst du viele Lebensmittel kennen, die eine tolle Wirkung auf dienen Körper und deine Stimmung haben. Freu dich also darauf neue Lebensmittel zu entdecken und sie für die Verbesserung deiner Lebenssituation einzusetzen!

Jedes Nahrungsmittel hat einen Effekt auf unseren Körper und unseren Geist. Experten gehen davon aus, dass folgende Faktoren der Ernährung sich auf Depressionen auswirken können:

- Ignorierte oder unerkannte Nahrungsmittelunverträglichkeiten.
  Eine ignorierte oder unerkannte Glutenunverträglichkeit kann beispielsweise auch einen negativen Effekt auf die Stimmung haben! Eine Untersuchung auf Nahrungsmittelunverträglichkeiten ist also ein Ziel, dass du ins Auge fassen solltest.

- Aufnahme von zu wenig Aminosäuren – dies senkt den Serotoninspiegel und die Laune. Insbesondere die Aminosäure Tryptophan wirkt sich positiv auf die Stimmung aus. Tryptophan wird in 5-Hydroxytryptophan umgewandelt, dies wiederum wird in Serotonin umgewandelt. Serotonin ist bekanntlich für eine stabile und positive Stimmung verantwortlich. Tryptophan kommt vor allem in Truthahn vor!

- Aufnahme von zu wenig Omega-3-Fettsäuren – Omega-3-Fettsäuren enthalten Eicosapentaensäuren, die wie ein natürliches Antidepressivum wirken. Omega-3-Fettsäuren können vom Körper nicht selbst hergestellt werden. Also ist die Aufnahme durch die Nahrung unumgänglich. Es gibt tolle Ölsorten mit einem unglaublich hohen Omega-3-Fettgehalt. Auch in Fisch und Walnüssen kommen diese tollen Fettsäuren in großen Mengen vor.

- Schwankungen des Blutzuckerspiegels – dies hat eine direkte Auswirkung auf deine Hormone, deine Hormone haben wiederum eine direkte Auswirkung auf deine Stimmung. Zuckerhaltige Speisen, weißer Reis oder einfaches Getreide lassen den Blutzuckerspiegel erst stark ansteigen und danach rapide abfallen. Vollkornreis, Vollkornprodukte und eine zuckerfreie Ernährung sind tolle Begleiter auf dem Weg zu einem depressionsfreien Leben.

- Zu wenig Sonnenvitamin D - Zu wenig B-Vitamine - B-Vitamine wirken wie ein natürliches Antidepressivum und sind in vor allem in ökologisch produzierten tierischen Lebensmitteln und Algen zu finden. Auch regelmäßiger Aufenthalt im Freien ohne viel Sonnencreme und mit viel Sonne auf der Haut sorgt für genügend Vitamin D. Ein Winterspaziergang an einem sonnigen Nachmittag ist also ideal!

- Zu wenig Chromium – Chromium ist ein Mineral, dass in grünen Bohnen, Nüssen, Eiern, Brokkoli, Vollkorngetreide und ähnlichem zu finden. Dieses Mineral hilft bei der Etablierung eines stabilen Blutzuckerspiegels!

- Weitere Lebensmittel, die stark gegen Depressionen wirken: Grüner Tee,

Kurkuma, Dunkle Schokolade, Spargel, Avocado, Blaubeeren, Haferflocken.

- Lebensmittel, die du meiden solltest: Schinken aufgrund seines hohen Nitratgehalts, Agavennektar/Zucker/Limonade aufgrund seiner starken Wirkung auf den Blutzuckerspiegel, Margarine/Verarbeitete Kürbissamen/Kartoffelchips enthalten Omega-6-Säuren im hohen Maß und verhindert somit die Aufnahme von Omega-3-Fettsäuren.

- Tee für optimale Entspannung: Helmkrauttee, Grüner Tee, Lavendeltee, Kamillentee, Pfefferminztee, Katzenminztee, Rosenwurztee, Ashwagandhatee, Kavatee, Johanniskrauttee, Baldriantee, Zitronenmelissentee, Passionsblumentee, Goldmohntee

Allgemein festgehalten ist eine Ernährung mit frischen und unverarbeiteten Lebensmitteln die richtige Wahl um den Körper mit allen Nährstoffen zu versorgen, die er zum Kampf gegen die Depression benötigt. Also Finger weg von Fastfood, Fertiggerichten und Süßigkeiten! Frisch kochen mag zunächst aufwendig und anstrengend sein, aber nach und nach wirst du dies in deinen Alltag etablieren und schätzen lernen!

Nahrungsergänzungsmittel

Wenn normale Lebensmittel nicht mehr ausreichen, dann können Nahrungsergänzungsmittel weiterhelfen. Diese Nahrungsergänzungsmittel sind kein Ersatz für eine gesunde und ausgewogene Ernährungsweise, sondern stellen nur zusätzliche Nährstoffquellen dar. Mit den richtigen Nahrungsergänzungsmitteln kannst du deinem Körper alle nötigen Nährstoffe liefern, die er zum Kampf gegen die Depression benötigt.

B-Vitamine: Wir haben die Wichtigkeit und Wirkung der B-Vitamine bereits besprochen. Gegen Depressionen helfen vor allem Folsäure, Vitamin B6 und Vitamin B12.

Chromium: Auch dieses Spurenelement haben wir bereits kennengelernt. Für ausreichend Serotonin und gute Stimmung brauchen wir Chromium!

Vitamin D: Grade in den kalten Wintermonaten ist es nicht leicht in den nördlichen Regionen genügend Vitamin D durch die Nahrung oder Spaziergänge aufzunehmen. Eine zusätzliche Vitamin D Aufnahme ist also durchaus sinnvoll!

Magnesium: Magnesium ist für ein ausreichendes Energielevel notwendig. Die Energielosigkeit bei depressiven Menschen kann von einem zu geringen Magnesiumspiegel stammen. Auch wirkt sich Magnesium positiv auf einen stabilen Blutzuckerspiegel aus!

S-Adenosylmethionin: Studien haben belegt, dass dieser Stoff antidepressiv wirkt. Normalerweise wird S-Adenosylmethionin vom Körper selbst produziert. Falls diese Produktion gestört ist, kann ein Nahrungsergänzungsmittel hier weiterhelfen und dafür sorgen, dass genügend Substanzen für einen positiven Gemützustand vorhanden sind.

Probiotika: Der Darm ist das Schlüsselorgan für ein gesundes Immunsystem und eine ausreichende Serotoninproduktion. Wenn also deine Darmflora gestört ist, kannst du deinen Darm mit Probiotika wieder auf Trab bringen.

Auch Omega-3-Fettsäuren und Aminosäuren lassen sich durch Nahrungsergänzungsmittel aufnehmen. Dies ist für die Herstellung der Neurotransmitter sinnvoll! Die neun essentiellen Aminosäuren sind Histidin, Tryptophan, Isoleucin, Lysin, Threonin, Leucin, Methionin, Valin und Phenylalanin.

Durch entsprechende Bluttests kann dein Arzt des Vertrauens mögliche Unterversorgungen feststellen und dir bei der Auswahl des richtigen Nährstoffpräparats helfen! Die Grundlage sollte allerdings immer eine gesunde und ausgewogene Ernährung sein!

Kräuter und Gewürze

Schon seit Jahrtausenden nutzen Menschen die Heilkraft von Kräutern und Gewürzen. Dein Arzt oder Heilpraktiker kann dir bei der Auswahl des für dich passenden Krauts und der richtigen Dosierung behilflich sein! Das positive an den natürlichen Mitteln ist, dass sie teilweise ebenso stark gegen Depressionen wirken wie verschreibungspflichtige synthetisch hergestellte Medikamente, aber dabei keinerlei schädliche oder unangenehme Nebenwirkungen aufweisen.

Johanniskraut ist unglaublich beliebt zur Behandlung von Depressionen. Es enthält Hypercin, welches die Neurotransmitter positiv beeinflusst. Johanniskraut wirkt so stark wie synthetisch hergestellte Antidepressiva, hat aber keinerlei schädliche Nebenwirkungen.

Studien haben gezeigt, dass Muskat gegen Depressionen und Angstzustände wirkt. Auch zur Verbesserung des Schlafs wird Muskat eingesetzt. Dazu wird 1/8 Teelöffel in frischen Saft eingerührt und zweimal täglich eingenommen.

Baldrian ist ein relativ bekanntes Mittel gegen Unruhezustände. Da es auch müde macht, ist die Einnahme vor dem Zubettgehen empfohlen.

Grüner Tee enthält Koffein und L-Thein, die die Stimmung und Energie fördern. Eine Tasse grüner Tee mit Honig oder Zitrone am Morgen ist also eine gute Grundlage für einen erfolgreichen Tag.

Helmkraut stärkt und beruhigt das Nervensystem. Grade in Zeiten mit viel Unruhe, Konzentrationsproblemen oder Kopfschmerzen bieten sich Helmkrauttabletten oder Helmkrauttee an.

Safran regt die Ausschüttung von Glückshormonen an. Es enthält eine hohe Anzahl an B-Vitaminen und Carotenoiden. Safran ist als getrockneter Extrakt erhältlich und wirkt laut Studien ebenso wirkungsvoll wie verschreibungspflichtige Antidepressiva.

Passionsblume hilft gegen Aufregung, Anspannung, Unruhe und Schlaflosigkeit. Diese Pflanze kann als Tee oder in Kapselform angewendet werden.

Zitronenmelisse entspannt, lindert Schlaflosigkeit und kann als Tee oder frisch verwendet werden. Der Tee kann bis zu dreimal täglich getrunken werden.

Oftmals wird Lavendel für seine beruhigende Wirkung gepriesen. Lavendel hat allerdings keine beruhigende Eigenschaft, sondern vielmehr eine verstärkende. Wenn du dich also bereits in einem ruhigen Zustand befindest, kann Lavendel diesen Ruhezustand verstärken. Dementsprechend sollte Lavendel nur zur Verstärkung von bestehenden und gewünschten Zuständen eingesetzt werden!

Kapitel 4: Die Aromatherapie

Eine weitere tolle Möglichkeit ist die seit der Antike genutzte Aromatherapie. Auch hier gibt es einige effektive Möglichkeiten einer Depression entgegenzuwirken. Bei der Aromatherapie werden ätherische Öle genutzt. Diese ätherischen Öle werden aus den verschiedensten Teilen von Heilpflanzen gewonnen, wie den Samen, den Blüten, den Blättern oder den Wurzeln. Durch Studien wurde die effektive Wirkung gegen Depressionen und die einhergehenden Symptome bereits bewiesen. Die genaue Wirkungsweise wurde bisher nicht herausgefunden, aber Wissenschaftler glauben, dass die Duftstoffe der ätherischen Öle durch die Zellrezeptoren in der Nase verschiedene Gehirnareale beeinflussen. So ist es beispielsweise möglich durch verschiedene ätherische Öle zu mehr Ruhe, Schlaf und einer positiveren Stimmung zu kommen. Die ätherischen Öle haben sowohl eine limbische, als auch eine pharmakologische Wirkung, also eine Wirkung wie synthetisch hergestellte Antidepressiva, auf den Körper. Die limbische Wirkung beschreibt, die beispielsweise entspannte Reaktion auf den Geruch von

Zitronengras. Das Positive an diesen ätherischen Ölen ist, dass auch sie keinerlei unangenehme oder schädliche Nebenwirkungen auf den Körper haben, es unglaublich viele verschiedene ätherische Öle gibt (also ist für jeden das passende dabei!) und die ätherischen Öle auf verschiedene Arten angewendet werden können.

Wenn du gegen eine Pflanze allergisch bist, dann reagierst du auch mit hoher Wahrscheinlichkeit auf das ätherische Öl dieser Pflanzen allergisch!

Möglichkeiten der Anwendung

Es gibt ätherische Öle in der Form von praktisch anwendbaren Raumsprays. Alternativ können Diffuser genutzt werden, die die ätherischen Öle mit Hilfe von Wasserdampf im Raum verteilen. Für eine sehr intensive Erfahrung kannst du bis zu 10 Tropfen eines ätherischen Öls in ein warmes Bad geben und die Aromen auf dich wirken lassen oder Massageöl mit ätherischen Anteilen für eine entspannende Massage verwenden.

Als Trägeröle für Massagen oder Lotions eignen sich Aprikosenkernöl, Traubenkernöl,

Jojobaöl, Süßmandelöl und Avocadoöl. Du kannst einige Tropfen deines ätherischen Öls dazu mischen. Stelle deine ätherische Öl-Mischung nach dem Gebrauch in den Kühlschrank!

Beliebte ätherische Öle gegen Depressionen

Die wirksamsten und beliebtesten ätherischen Öle gegen Depressionen sind:

- Sandelholz gegen Stress und Verspannungen

- Osmanthus für gute Laune

- Majoran gegen Einsamkeit, Trauer, Nervosität und Ablehnung

- Mandarine für gute Laune und entspannte Muskeln

- Palmarosa gegen Ängste und Anspannung

- Elemi gegen Stress

- Zimt gegen Müdigkeit und Gereiztheit

- Geranie zur Freilassung negativer Emotionen und zur Stressreduktion

- Rose für mehr Energie und gute Laune

- Birke gegen Muskelsteifheit

- Changabaum für Energie und Selbstbewusstsein

- Jasmin für gute Stimmung und Entspannung

- Neroli gegen emotionale und körperliche Erschöpfung

- Tangerine für mehr Energie

- Goldmelisse für mehr Energie, weniger Ängste und eine gute Stimmung

- Lavendel gegen Kopfschmerzen, Ängste und Bluthochdruck

- Zitrone für gute Laune und weniger Stress

- Römische Kamille für einen ruhigen Geist und Körper

- Wilde Orange wirkt belebend, erheiternd und lindert negative Emotionen

- Muskatellersalbei gegen Schlaflosigkeit und Ängste

- Basilikum gegen Erschöpfung oder
  Angst und für gute Stimmung

- Weihrauch gegen Ängste und Stress
  und eine entspannte Atmung

Beliebte Mischungen sind: Muskatellersalbeöli mit Goldmelissenöl, Rosenöl mit Sandelholzöl, Orangenöl mit Changabaumöl, Lavendelöl mit Grapefruitöl, sowie Jasminöl mit Weihrauchöl.

Schlusswort

Du hast nun gelernt, dass Depressionen so ziemlich jeden Menschen treffen können. Depressionen haben unglaublich viele Arten von physischen und psychischen Symptomen und sind nicht immer leicht zu diagnostizieren. Neben den häufig eingesetzten synthetischen Medikamenten hast du in diesem Buch noch einige andere natürliche Methoden kennen gelernt, wie du eine Depression behandeln kannst.

Die hier vorgeschlagenen Methoden helfen dir dabei die Symptome deiner Depression zu lindern und gleichzeitig zu den Ursachen deiner Depression vorzudringen. Du kannst die hier vorgeschlagenen Methoden eine nach der anderen ausprobieren und so herausfinden, was du körperlich und psychisch benötigst. Du wirst schnell merken, dass dein gesamter Zustand sich schnell verbessert und zusätzliche Gesundheitsprobleme ebenfalls gelindert werden. Auf langer Sicht kannst du so also deine geistige und körperliche Gesundheit stetig verbessern.

Wichtig ist, dass du alle Schritte mit dem Heilpraktiker, Psychologen oder Arzt deines Vertrauens absprichst. So kannst du schnell herausfinden, welche Behandlungsmethode zu dir passt, welche Dosierung für dich die richtige ist und dir Unterstützung bei deinen neuen Lebensplänen sichern.

Diese Methoden helfen nicht nur bei der Behandlung einer Depression, sondern auch bei der Prävention dieser. Falls du also das Gefühl hast, dass du auf eine Tiefphase in deinem Leben zusteuerst, oder du einen erneuten depressiven Schub bekommen sollest, dann können dir die vorgestellten Methoden auch helfen!

Ich hoffe sehr, dass du neue Anregungen in diesem Buch finden und deine Gesundheit nachhaltig verbessern konntest!

Quellen

- Bartesaghi, M. (2014). Depression. 306-309.

- Skillman, J. (2012). Depression. *JAMA,308*(4), 321.

- Skinner, A. (2014). Depression. *Nursing Standard (2014+),29*(11), 61.

- Poole, Dobson, &Pusch. (2017). Childhood adversity and adult depression: The protective role of psychological resilience. *Child Abuse&Neglect,64,* 89-100.

- Monden, R., Stegeman, A., Conradi, H., De Jonge, P., &Wardenaar, K. (2016). Predicting long-term depression outcome using a three-mode principal component model for depression heterogeneity. *Journal of Affective Disorders,189,* 1.

- Springer, D., Rubin, A., &Beevers, C. (2011). *Treatment of Depression in Adolescents and Adults Clinician's Guide to Evidence-Based Practice,* 1 online resource (312 p.).

- Kasper, Siegfried, & Montgomery, Stuart. (2013). Treatment-resistant Depression. In *Treatment-resistantDepression* (pp. 21-41). Oxford: John Wiley&Sons.

- Busch, F., Rudden, M., & Shapiro, T. (2004). *Psychodynamictreatmentofdepression / Fredric N. Busch ; Marie Rudden ; Theodore Shapiro.* (1.st ed.). Washington, DC [u.a.]: American PsychiatricPubl.

- Watson, Goldman, Greenberg, Goldman, Rhonda N, & Greenberg, Leslie S. (2007). *Case studies in emotion-focused treatment of depression : A comparison of good and poor outcome / Jeanne C. Watson ; Rhonda N. Goldman ; Leslie S. Greenberg.*(1.st ed.). Washington, DC: American Psychological Association.

- Mansell, Colom, & Scott. (2005). The nature and treatment of depression in bipolar disorder: A review and implications for future psychological investigation. *Clinical Psychology Review*,25(8), 1076-1100.

Impressum

Wichtiger Hinweis:

Die in diesem Buch enthaltenen Informationen dienen ausschließlich informativen Zwecken und dürfen unter keinen Umständen als Ersatz für eine professionelle Beratung oder Behandlung durch ausgebildete und anerkannte Ärzte angesehen werden. Diese beinhalten keinerlei Empfehlungen bezüglich bestimmter Diagnose- oder Therapieverfahren. Die Inhalte dürfen niemals als eine Aufforderung zur Selbstbehandlung oder als Grundlage für Selbstdiagnosen und -medikation verstanden werden. Die Informationen spiegeln lediglich die Meinung des Autors wieder. Der Autor übernimmt für die Art oder Richtigkeit der Inhalte keine Garantie, weder ausdrücklich noch impliziert.

Sollten Inhalte des Buches gegen geltendes Recht verstoßen, dann bittet der Autor um umgehende Benachrichtigung. Die betreffenden Inhalte werden dann umgehend entfernt oder geändert.

Haftung für Links

Das Buch enthält Links zu externen Webseiten Dritter, auf deren Inhalte wir keinen Einfluss haben. Deshalb können wir für diese fremden Inhalte keine Gewähr übernehmen. Für die Inhalte der verlinkten Seiten ist stets der jeweilige Anbieter oder Betreiber der Seiten verantwortlich. Die verlinkten Seiten wurden zum Zeitpunkt der Verlinkung auf mögliche Rechtsverstöße überprüft. Rechtswidrige Inhalte waren zum Zeitpunkt der Verlinkung nicht erkennbar. Eine permanente inhaltliche Kontrolle der verlinkten Seiten ist jedoch ohne konkrete Anhaltspunkte einer Rechtsverletzung nicht zumutbar. Bei Bekanntwerden von Rechtsverletzungen werden wir derartige Links umgehend entfernen.

www.ingramcontent.com/pod-product-compliance
Lightning Source LLC
Chambersburg PA
CBHW060808260726
48660CB00002B/840